VÉRITÉ ET JUSTICE

SUR

LE SOCIALISME

ET

SES DÉTRACTEURS.

PAR

M. RAVET

EX-EMPLOYÉ AU CHEMIN DE FER DU NORD.

Vox clamans in deserto.
Une voix qui crie dans le désert.

Que ceux qui ont des yeux voient ;
Que ceux qui ont des oreilles entendent.

LILLE.

TYPOGRAPHIE DE F. BRACKE.

1848

1849

VÉRITÉ ET JUSTICE

LE SOCIALISME.

[PRÉLUDE.]

———————

Au moment où de toutes parts des cris de réprobation et
d'anathême s'élèvent contre le *socialisme*; où deux repré-
sentants (1) notoirement connus pour être ses partisans,
viennent d'être en quelque sorte expulsés du sein de l'As-
semblée nationale; où quantité de journaux réactionnaires et
nouveaux satisfaits déblatèrent sans répit ni trève contre
les socialistes, et persuadent à des masses de lecteurs igno-
rants ou aveugles qu'ils sont les seules causes de toutes les
calamités actuelles, de nos dissensions et de nos discordes,
des souffrances de l'agriculture, de la ruine du commerce
et de l'industrie, et de la prolongation indéfinie de ce terri-
ble état de crise qui prive de travail et de moyens d'exis-
tence tant d'hommes valides, tant de femmes et d'enfants;

(1) *Louis Blanc* et *Caussidière.*

au moment où les socialistes sont accusés en bloc, sans distinction d'écoles, de vouloir des choses atroces et ignobles (¹): le bouleversement de la société, le pillage et le massacre de ceux qui possèdent, la destruction de la propriété et de la famille, l'établissement d'un monstrueux système de *loi agraire*, de *communauté égalitaire*, de *nivellement moral, intellectuel et matériel*, de *honteuse promiscuité de femmes et d'enfants*; au moment où ils sont clairement désignés à la *persécution,* à la *haine* et à la *vengeance* des *honnêtes gens*; nous venons, nous socialiste de 1830 (²), hardiment élever la voix en faveur de la plus juste et de la plus sainte des causes, nous venons dissiper les *ténèbres morales* qui cachent encore le socialisme aux yeux de tant d'esprits prévenus et d'imaginations inquiètes, confondre l'ignorance et la mauvaise foi de ses calomniateurs, et prouver d'une manière irréfragable qu'il ne prétend apporter au monde ni la discorde, ni la ruine, ni la désolation, mais l'union, mais la richesse, mais la joie et le bonheur pour tous; nous venons montrer clairement combien est ardent et pur notre amour pour l'humanité, combien est sincère et solidement assise

---

(1) Mais est-ce que les hommes des barricades de juin n'étaient pas des socialistes ? Oui, puisque beaucoup l'ont dit; mais c'étaient, si je puis parler ainsi, des néophytes en socialisme, encore peu initiés aux idées nouvelles. Et puis, est-ce que toutes les grandes causes n'ont pas eu leurs fanatiques ? Est-ce que le christianisme, cette religion de paix et d'amour, n'a pas eu les fauteurs de la St.-Barthélemi et des dragonnades? Et d'ailleurs sait-on bien les vrais coupables, les réels provocateurs des déplorables événements de juin ? La vérité n'a pas encore dit son dernier mot sur ce triste épisode de notre histoire.

(2) Il nous a semblé qu'en nous taisant nous eussions fait acte de lâche , nous qui connaissons quelque peu mieux le socialisme que ceux qui l'attaquent sans en avoir lu une ligne, qui avons touché de près les sommités socialistes de notre époque, et n'avons reconnu en eux ni des hommes *rouges* avides de sang, ni des coupeurs de bourse, mais de vaillants apôtres de la grande cause de l'ÉMANCIPATION UNIVERSELLE.

dans nos esprits cette conviction que nous formulons sans cesse, à savoir que nous n'arriverons à nos fins, à *la grande réorganisation sociale* dont nous nous proclamons les annonciateurs, que par la propagation pacifique de nos idées, leur développement sage et mesuré, que par une réalisation tellement *bien ordonnée et équitable* que tous les intérêts y trouvent SATISFACTION.

Mais avant d'aborder un peu largement l'exposition du problème SOCIAL, avant d'entrer en plein sur ce *brûlant* terrain de la constitution d'un NOUVEAU MONDE, nous demanderons à nos lecteurs la permission de leur mettre sous les yeux un discours par nous prononcé dans une réunion d'électeurs appelés à discuter la valeur des candidats à l'assembleé constituante, ce discours étant un résumé assez exact de nos sentiments politiques, de nos tendances et convictions sociales (1).

Nous nous exprimâmes en ces termes :

Citoyens,

Un trône vermoulu et qui ne s'appuyait que sur la corruption, sur des âmes lâches et vénales, vient encore une fois d'être renversé par l'héroïque peuple de Paris, et la République, le gouvernement du pays par le pays, de *tous* par *tous* et *pour tous*, vient d'être proclamée.

La République a été proclamée, il faut qu'elle reste comme la forme du gouvernement définitif de la *France*, comme le spécimen des gouvernements ultérieurs des nations de *l'Europe* et du GLOBE, comme la loi *suprême* des temps présents et des temps à venir, contre laquelle il serait insensé de

(1) Courant de mars.

vouloir s'élever : lorsque je dis insensé je ne dis pas assez, ce serait un crime de LÈSE-PATRIE.

Je m'explique : je conçois qu'hier, qu'avant la chute du dernier trône, de ce vieux ladre de Louis-Philippe, je conçois qu'en face d'une *royauté* pareille, d'une application pareille du principe de la nouvelle *légitimité*, les partisans de la vieille *légitimité*, les partisans de Henri V tournassent leurs regards vers le rejeton de l'ancienne branche des *Bourbons* qui, si elle était, comme sa sœur cadette, oppressive à l'intérieur, tenait au moins un langage ferme et haut à l'extérieur, et ne laissait pas traîner son drapeau dans la fange ; je conçois qu'hier aussi, avant le 24 février, les partisans sincères du gouvernement représentatif, les dynastiques de bonne foi crussent que la forme constitutionnelle avait encore une cinquantaine d'années de vie, et que cette forme devait préparer pacifiquement et progressivement l'avènement de la démocratie ; je conçois qu'il y eût avant le 24 février des légitimistes et des dynastiques de bonne foi ; je ne le concevrais plus aujourd'hui: Que les uns et les autres oublient donc leurs espérances *déçues*, bien *légitimes* en leur *temps*, mais dont, je le répète, il serait criminel de vouloir tenter une nouvelle résurrection.

La royauté est désormais jugée en France; et trois restaurations de ce principe accomplies vainement en moins de cinquante ans, indiquent assez que cet arbre desséché ne peut plus prendre racine parmi nous.

Au nom de notre belle France, cette *reine* jadis découronnée, mais qui aujourd'hui reprend sa place à la tête des nations, au nom de cette chère patrie, leur mère comme la nôtre, qu'ils aiment comme nous, et qu'ils voudraient comme nous voir grande, tranquille et prospère, nous adjurons les légitimistes et les dynastiques de venir à la *République*, de se prononcer nettement, catégoriquement et sans arrière-pensée, pour le régime nouveau, par des paroles et par des actes qu'on ne puisse pas revendiquer en doute; surtout, je le répète, pas d'arrière-pensée, pas d'hésitation, pas de conduite ambiguë, de conspirations sourdes qui nous conduiraient tout droit à la guerre civile, ce *suicide* d'une nation.....Venez, venez donc à nous, adorateurs du passé, venez franchement travailler, avec des frères qui vous aiment, à l'organisation sociale future; venez, car l'œuvre que nous avons à vous proposer demande le concours de bras forts et habiles, d'intelligences élevées et de dévouements à toutes épreuves.

Et voyez avec nous?...

La nouvelle République a remis en vigueur, et nous l'en félicitons de toutes les forces de notre âme, cette belle et sainte formule de sa *devancière*, *liberté, égalité, fraternité*, que j'eusse voulu voir couronnée par cette autre formule également belle et sainte, SOLIDARITÉ et ASSOCIATION.

Oui, *liberté, égalité, fraternité* est une belle et sainte formule, mais malheureusement ce n'est rien encore qu'une formule écrite, qu'un mythe comme ceux de nos défuntes chartes, comme les promesses de toutes nos constitutions auxquelles les actes des gouvernements déchus venaient donner un éclatant démenti. Et en effet, dites-le-moi, où avez-vous jamais vu la liberté, l'égalité, la fraternité régner entre les hommes? Non, nulle part. Avec un ordre social comme celui où nous avons vécu jusqu'ici, cela n'était pas possible. Pouvait-il y avoir liberté, égalité, fraternité dans une société où tous les intérêts étaient en opposition ou en lutte : l'intérêt particulier contre l'intérêt général; l'intérêt

de l'ouvrier contre celui du maître, du maître contre celui
de l'ouvrier, des maîtres entre eux, des industries entre elles ;
des nations contre celui des autres nations; où l'homme
faible et honnête devenait la proie du fort et du fripon, où
chacun ne pouvait faire son bien qu'au détriment d'autrui ;
où l'éducation, une éducation sans but social, comme vous
savez, était donnée à celui qui la payait, où l'enfant du
peuple croupissait dans l'ignorance et une immoralité
précoce qu'il puisait dans un entourage corrompu ; où la
fille du riche, marchandée comme un colis de marchandises,
et estimée proportionnellement à la valeur de sa dot, faisait
la plupart du temps un bien *triste mariage*, où la fille du
pauvre, trompée par les promesses du riche, et exploitée
comme un nouveau droit des seigneurs du coffre-fort, était
jetée aux gémonies de la prostitution et allait terminer ses
jours à la prison ou à l'hospice; où le riche n'ayant rien de
bon à faire pour ses semblables, ou ne faisait rien, et partant
les démoralisait par le spectacle de son oisiveté et de ses
vices, ou s'il travaillait, les exploitait généralement comme
des bêtes de somme (¹), traînait sa vieillesse dans l'isolement
et la tristesse, et ne mourait pas assez vite au gré de ses
tendres enfants, si pressés de recueillir les *légitimes espé-*
rances fondées sur son héritage, où le pauvre, accomplissant
un travail ingrat, et vivant toujours en souci du lendemain,
n'avait d'autre perspective pour ses vieux jours que la
mendicité ou l'hôpital, et quittait cette vallée de douleurs
sans trop de regrets de la part de ses proches, que la mort
débarrassait d'une lourde charge. Voilà, en raccourci, ci-

(¹) Et de cela nous ne pouvons guère le blâmer, les nécessités d'une concurrence, d'une
lutte à mort avec ses adversaires le forçant d'en agir ainsi.

toyens, l'image de cette civilisation perfectionnée, de cet ordre social tant vanté par certains optimistes qui, ne manquant de rien, en concluaient que nous vivions dans le meilleur des mondes possibles.

Non, non, un pareil ordre, je devrais plutôt dire un pareil désordre, ne peut durer plus longtemps; hâtons-nous donc de le remplacer par quelque chose de mieux.

Mais que voulons-nous donc?...

Nous voulons que l'humanité ne soit plus qu'une grande famille de *frères*; nous voulons la *Sainte-Alliance* des peuples, si admirablement prédite et chantée par notre bien-aimé poète *Béranger*; nous voulons établir entre les nations, entre les communes composant chaque nation, entre les individus de chaque commune, des liens indissolubles d'*association* et de *solidarité*; nous voulons que le GLOBE, ce grand et beau domaine que DIEU a donné à l'HOMME pour l'embellir et le féconder et pour en retirer *vie, embellissements et jouissances*, soit exploité intégralement et unitairement au profit de tous, et que tous les produits en soient répartis au prorata du travail et du capital de chacun; nous voulons que tous aient leur place au *soleil*, place au *banquet* de la vie.

Nous voulons que le point de départ soit le même pour tous; nous voulons que chaque être puisse trouver en naissant une *providence tutélaire* pour protéger ses premiers pas, développer ses facultés, à mesure qu'il avance dans la vie, lui indiquer la carrière qu'il doit suivre, l'acheminer à la fonction qu'il se sent apte à remplir, accorder à ses travaux une rétribution équitable et abondante, et enfin pour assurer à sa vieillesse une honorable et suffisante retraite; nous voulons que l'homme sente sur cette terre qu'il est réellement lié aux autres hommes qu'il doit aimer, considérer et traiter comme des *frères*; nous voulons que tous les intérêts soient harmonisés et solidaires, et que nul ne puisse s'élever dans la hiérarchie sociale en honneurs, considération et richesses, qu'à la condition d'élever ceux qui seront au-dessous de lui, qu'à la condition de grands services rendus à la masse; nous voulons que le milieu social soit tel qu'il permette à tout être de développer librement et intégralement toutes ses facultés, d'accomplir les travaux qui l'attrairont le plus, avec des chefs et associés qu'il affectionnera et qu'il aura choisis ou acceptés, et de satisfaire à son gré toutes ses passions, tous ses goûts, tous ses désirs dont l'essor ne sera plus désormais vicié par une éducation mauvaise.

Nous voulons, en un mot, la réalisation réelle et palpable de la *liberté*, de l'*égalité* et de la *fraternité*, et tout cela, nous espérons bien l'obtenir progressivement, pacifiquement, du consentement libre de tous les intéressés, par les seules armes de la persuasion, du dévouement et de l'amour, et aussi par la démonstration sans réplique tirée des résultats accomplis par les premiers essais d'*association* un peu large qui vont être incessamment tentés.

Telle est, selon nous, l'œuvre réservée à la *démocratie* nouvelle, l'œuvre à l'accomplissement de laquelle nous appelons tous les hommes et toutes les femmes de bonne volonté. Il y a là place pour tous et pour toutes, place pour les hommes qui aiment la gloire, les triomphes chèrement achetés, les œuvres difficiles et grandioses; place pour les *généreux démocrates* si dévoués aux intérêts du peuple, si désireux de trouver les moyens d'améliorer grandement la condition du peuple; place pour les hommes d'argent, les hommes du capital, dont le capital mieux garanti qu'il ne l'aura jamais été, s'augmentera proportionnellement au bien-être général; place pour les nourrisseurs de la société, les bons et patients agriculteurs, jusqu'alors si dédaignés, et qu'il serait bien temps de remettre à leur poste de tête de colonne de l'industrie, de premiers créateurs de richesses; place pour les travailleurs de toutes les industries, qui y trouveront un bel emploi de leur activité et une juste rémunération de leurs services; place pour les savants qui instruisent la société, et viennent chaque jour recueillir de nouvelles moissons dans le champ infini et varié des connaissances; place pour les artistes qui charment, qui exaltent, qui embellissent la vie; il y a place, place tous les jours de plus en plus grande, de plus en plus belle, pour la femme cette divine moitié du genre humain, dont le règne d'amour va être intronisé sur la terre en y apportant le *bonheur* et la *liberté*!

Eh bien! superbes contempteurs du socialisme, que dites-vous de cette esquisse du règne d'harmonie, de paix, de concorde et de fraternité que nous voulons établir sur cette terre, de cette ébauche d'organisation que nous venons de faire passer sous vos yeux, et ne trouvez-vous pas que notre programme, quelqu'incomplet qu'il soit (nous le compléterons ultérieurement), est moins creux, moins vide, mais plus large et plus conciliateur que tous les programmes des vieux partis politiques, *légitimistes*, *dynastiques*, voire même de nombre de *républicains de vieille date*, programmes dont le résultat s'est toujours traduit par l'exploitation des masses, l'écrasement de ses adversaires et l'*ôte-toi de là que je m'y mette*? ne trouvez-vous pas que notre programme, qui ne repousse personne, mais appelle tout le monde à sa mise en œuvre, est quelque peu décevant, et ne vous sentiriez-vous pas le désir, si l'on vous en montrait les moyens, de venir travailler avec

nous à la réalisation du grand œuvre du bonheur universel?
Mais nous venons de prononcer un nom qui sonne singulièrement aux oreilles des incrédules de notre siècle ; il nous semble déjà les entendre s'écrier à l'unisson : « *Réalisation du bonheur universel*, que dites-vous là , malheureux fous ! et à quoi pensez-vous donc d'user votre temps et vos facultés à la poursuite de *vaines utopies*, de *trompeuses chimères* qu'enfante votre délirante imagination ! »

A cette charitable apostrophe, nous nous contenterons de répondre que nous prouverons incessamment que si notre société voulait, elle pourrait bientôt entrevoir les rivages embaumés de cette *terre promise*, de ce *paradis terrestre* où nous la convions d'entrer, et que l'application de fous devrait plutôt être renvoyée à ces vétérans des dynasties déchues, à ces partisans incurables des anciens abus qui, *n'ayant rien oublié ni rien appris*, et regardant les révolutions qui s'accomplissent dans le monde comme des faits sans *conséquence* et sans *portée*, tenteraient de faire remonter le ruisseau vers sa source et de ramener violemment en arrière cette foule impatiente de progrès, chaque jour de plus en plus nombreuse, laquelle brûle de s'élancer dans les voies inconnues de l'avenir où elle espère trouver la satisfaction de tous ses besoins, la réalisation de tous ses désirs et la fin de ses longues souffrances ! — Et cependant, qu'on nous pardonne encore une citation, car nous ne pouvons résister à la tentation de donner une preuve péremptoire que nous sommes des fous qui voyons quelque peu clair, que nous sommes des *Cassandre* qui avons quelqu'intuition de l'avenir ; en avril dernier, nous écrivions ces lignes (1) :

(1) Extrait d'une circulaire électorale aux électeurs du département du Nord.

« L'œuvre colossale, l'œuvre importante par-dessus tout ,
l'œuvrequ'il est instant d'exécuter,est l'œuvre de l'*organisation
du travail,* l'œuvre de la constitution de l'industrie sur de
nouvelles bases qui, tout en sauvegardant les droits du
capital, permettent au travailleur de retirer de son labeur de
chaque jour une rétribution suffisante et lui donnent la
certitude de vivre en travaillant...

Voilà l'œuvre qu'il s'agit d'aborder et de réaliser promptement, sous peine d'un effroyable cataclysme. Voilà l'œuvre
à laquelle nous pousse irrévocablement la dégringolade de
toutes les industries et qu'appelle à grands cris et sur tous
les tons cette grande voix du peuple, cette voix de DIEU
qu'il serait bien temps d'écouter. Non, non, pas de demi-
mesures,pas de replâtrages, pas de caduque restauration de
l'ancien édifice social! l'ancien édifice social, l'édifice du pri-
vilége de l'égoïsme était trop étroit; et ne voyez-vous pas qu'il
est miné de toutes parts,et que chaque jour ses ruines viennent
joncher le sol? Et ne voyez-vous pas que chaque jour les mai-
sons industrielles les plus solides,les plus considérables, celles
qui s'appuyaient sur les plus grands capitaux, qui employaient
la plus grande quantité de bras , s'écroulent, et que toutes
ces ruines vont jeter sur le pavé des légions de travailleurs,
des légions de frères qui vont nous demander à grands cris
du travail et du pain !

Je le demande à tous, qu'allons-nous faire de tous ces affa-
més, de tous ces déshérités que nous avons proclamés *nos
frères, nos égaux,* et pour lesquels les grands mots, *liberté,
égalité, fraternité* se traduisent encore aujourd'hui en une
amère dérision !

Non, non, point de demi-mesures, point de palliatifs
impuissants ; point de verres d'eau jetés dans le tonneau

sans fin des Danaïdes, mais de la résolution, du courage, de l'énergie, une marche prompte et droite au but qu'il s'agit d'atteindre.

Ce but, c'est la réalisation de l'égalité, de la fraternité chrétienne : c'est l'association universelle!... »Eh! qu'a-t-on fait? Rien; on n'a employé que des demi-mesures, on a jeté force verres d'eau dans le tonneau des Danaïdes, et les sanglantes journées de juin sont survenues, et la ruine et la misère de tous, et la désaffection pour la République ont toujours été croissant, et l'on en est arrivé à un gâchis tel que tout le monde interroge l'avenir avec effroi et que nul ne sait quel hardi pilote sera de force à tenir longtemps le gouvernail dans ces temps de tempête! — Eh bien! nous le demanderons à nos adversaires, avions-nous mal jugé la situation, n'avions-nous pas prévu que la société faisait fausse route, et que, si elle n'entrait pas franchement dans une large voie d'améliorations, elle courrait à l'abîme? Hélas! puissent les terribles enseignements de juin n'être pas perdus pour les gouvernants de notre jeune République, puissent-ils y puiser le désir, la force et la conscience de l'œuvre que la *Providence* les appelle à remplir! ils ont été bien et dûment avertis, bien et dûment mis en demeure d'agir; c'est à eux de voir maintenant lequel vaut mieux, ou suivre les errements du passé, gouverner dans l'intérêt d'une caste quelconque, et partant être renversés par une révolution plus ou moins prochaine, ou sortir des routes battues, s'élancer hardiment en avant dans l'intérêt de tous, et alors mériter le beau titre de bienfaiteurs des hommes. Pour de vrais républicains, le choix ne saurait être douteux.

Mais arrêtons-nous là, car nous en avons assez dit pour une fois. Prochainement, si cette première manifestation socialiste de notre part est bien accueillie, nous reviendrons plus amplement sur ce grand problème que nous n'avons fait qu'effleurer aujourd'hui; nous le poserons d'une manière plus nette et plus catégorique, et indiquerons les moyens pratiques et, selon nous, faciles de le résoudre promptement; nous ferons avec plus de rigueurs et de détails la critique de notre état social, et nous nous attacherons à mettre complétement à nu ses nombreuses infirmités morales, matérielles et intellectuelles; nous arracherons les masques qui couvrent les visages de tant d'intrigants et de roués, d'égoïstes et d'hypocrites, de saltimbanques et d'apostats, sorte de fourmilière de hâbleurs qui ne font parade en ce moment de moralité et bonnes mœurs, charité sociale et dévouements à la cause de l'ordre, de foi et pratiques religieuses que pour mieux duper et exploiter la troupe moutonnière qui les suit, le jour où ils parviendraient, en se hissant sur ses épaules, au but qu'ils convoitent, au gouvernement de la société ; nous prouverons que si, comme on l'en accuse, la pensée véritable du socialisme était le *vol* et le *libertinage*, il n'aurait pas beaucoup à se mettre en frais pour trouver des exemples à imiter, qu'il les a sous la main, et n'aurait qu'à développer quelque peu ce qui *existe* dans une bonne partie de la société; puis, nous élevant à des considérations plus hautes, nous démontrerons que ce *grand problème social* par nous posé, n'est pas seulement *français*, mais *européen*, mais *humanitaire*, que tous ces désirs, tous ces cris, toutes ces guerres de *liberté* et *d'affranchissement* qui éclatent en ce moment dans le monde ont une grande signification ; que l'humanité est actuellement dans une position analogue à celle où elle se trouvait à la naissance du christianisme ; que, comme il y a dix-huit siècles, des millions d'esclaves attendent un *sauveur*, un *libérateur* ; que les esclaves de notre époque sont tous ceux qui ont faim, tous ceux qui sont sans travail, ou dont le travail dépend du caprice d'un maître, tous ceux qui sont exploités, les *prolétaires*, les femmes (1) et les enfants (2), et que le libérateur sera le *socialisme*, ce socialisme tant dénigré, lequel aura puissance de porter remède aux maux du présent, puissance de préparer et constituer un avenir favorable à tous, exploitants et exploités, riches et pauvres, hommes, femmes et enfants.

RAVET-ANCEAU.

(1) Lorsque nous venons ainsi proclamer l'affranchissement des femmes, nous nous attendons bien à soulever contre nous les clameurs des nombreux partisans de la barbe, j'allais dire du poing. Toutes les causes d'affranchissement ont eu toujours pour adversaires les exploitants. Quant à nous, nous prisons autant nos femmes françaises que les noirs de nos colonies dont l'émancipation vient d'être proclamée, et nous nous promettions de prouver quelque jour qu'au point de vue des facultés *artistiques*, *industrielles* et *intellectuelles*, la femme serait au moins l'ÉGALE de l'homme.

(2) Nous voulons la liberté pour l'enfance, parce que, pour cet âge surtout, la liberté bien organisée serait le *bonheur*, serait l'acheminement au travail, à l'industrie, aux sciences et aux arts, au développement de la vocation native de chaque individu. Nous nous occuperons ultérieurement de soutenir cette thèse, et de montrer ce que devraient être l'éducation et l'instruction dans une société bien ordonnée.

POUR PARAITRE PROCHAINEMENT :

CRITIQUE SOCIALE

ET

NÉCESSITÉ D'UNE RÉORGANISATION.

TYPOGRAPHIE DE F. BRACKE, A LILLE.

104

www.ingramcontent.com/pod-product-compliance
Lightning Source LLC
Chambersburg PA
CBHW050416210326
41520CB00020B/6622